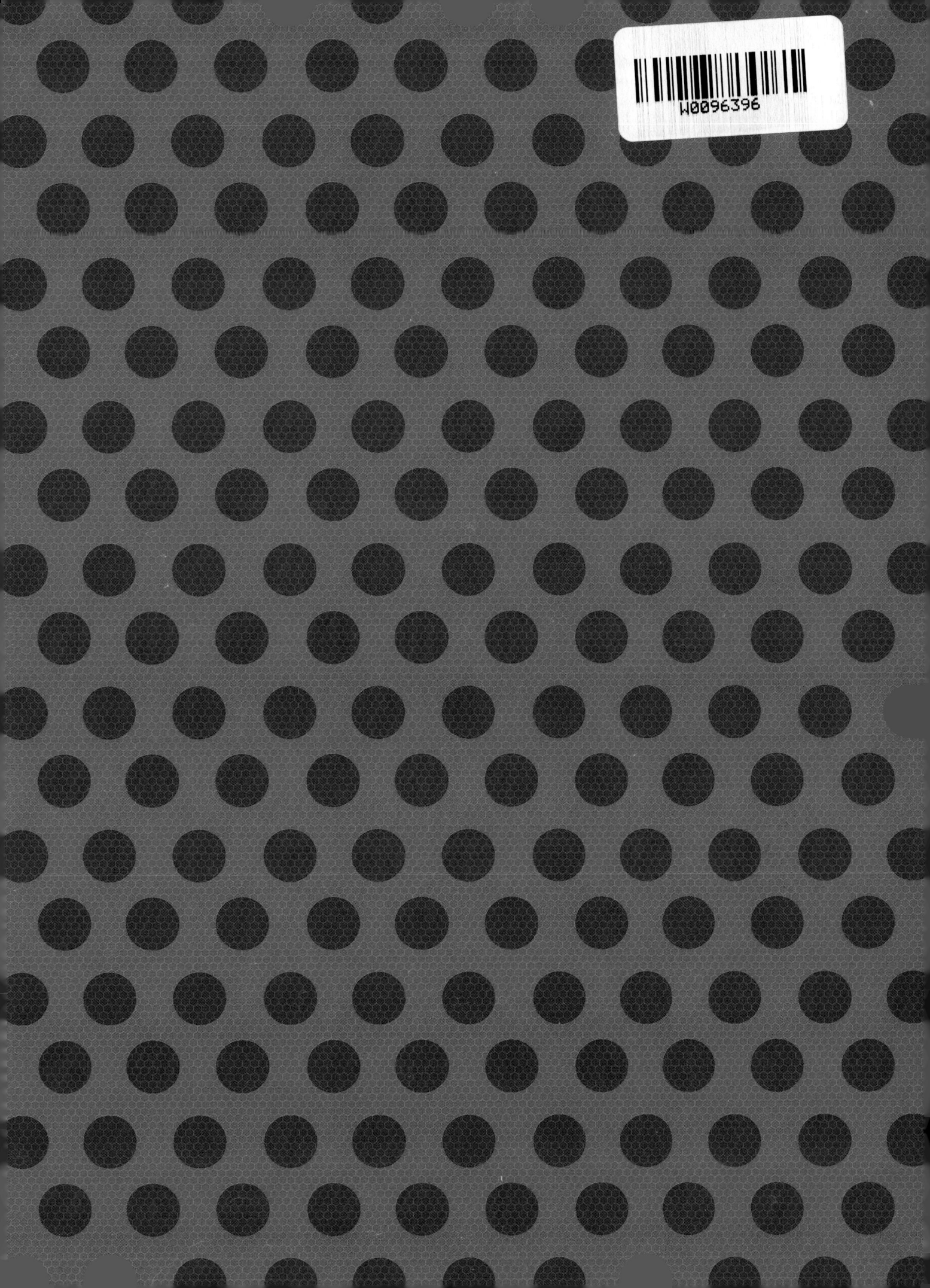

Miraculous™ is a trademark of ZAGTOON - METHOD ANIMATION
© 2015 - 2021 ZAGTOON - METHOD ANIMATION - TOEI ANIMATION -
AB DROITS AUDIOVISUELS - DE AGOSTINI EDITORE S.P.A.
ALL RIGHTS RESERVED.

Miraculous – Das große Miraculous-Lexikon
Alles über Ladybug und ihre Welt von A bis Z
© 2022 Panini Verlags GmbH,
Schloßstraße 76, 70176 Stuttgart
Alle Rechte vorbehalten.
Verlagsleitung: Gabriele El Hag
Chefredaktion: Nicole Hoffart
Redaktion: Verena Gschwind (verantw.), Annita Bottoni
Text: Claudia Weber
Lektorat: Helga Kronthaler
Grafik: tab indivisuell, Stuttgart
Druck: CPM Centro Poligrafico Milano S.p.A., Casarile (MI)
ISBN 978-3-8332-4236-6

www.paninishop.de

Die Deutsche Nationalbibliothek verzeichnet diese Publikation
in der Deutschen Nationalbibliografie; detaillierte bibliografische
Daten sind im Internet über http://dnb.d-nb.de abrufbar.

Inhaltsverzeichnis

Adler-Miraculous 6
Adrien Agreste 7
Aeon 6
Akuma 6
Alix Kubdel 7
Alya Césaire 8
Amok 8
Barkk 9
Bunnyx 9
Caprikid 9
Carapace 10
Cat Noir 10
Chibi 11
Chloé Bourgeois 11
Collège Françoise Dupont 12
Daizzi 12
Duusu 13
Eagle 13
Emilie Agreste 13
Familie Dupain-Cheng 14
Faustgruß 14
Fei 15
Félix Graham de Vanily 15
Flairmidable 15
Fluff 15
Gabriel Agreste 16
Glücksbringer 16
Hasencheck 17
Hawk Moth 17
Hüterinnen und Hüter 17
Ivan Bruel 18
Jade Turtle 18
Jagged Stone 19
Jo-Jo 19
Juleka Couffaine 19
Kaalki 19
Kagami Tsurugi 20
Kataklysmus 20

Kim Lê Chiến 20
King Monkey 21
Kitty Section 21
Kwamis 21
Ladybug 22
Ladydragon 22
Liiri 22
Lila 22
Longg 23
Luka Couffaine 23
Magische Anhänger 23
Marc Anciel 24
Marinette Dupain-Cheng 24
Max Kanté 25
Mayura 25
Mei Shi 25
Meister Fu 26
Minotaurox 26
Miraculous 26
Miraculous Ladybug 27
Miraculous-Schatulle 27
Miss Hound 27
Mullo 27
Mylène Haprèle 28
Nathalie Sancœur 28
Nathaniel Kurtzberg 28
Nino Lahiffe 29
Nooroo 29
Orden der Hüter 29
Orikko 30
Paris 30
Pegasus 30
Pigella 31
Plagg 31
Pollen 31
Polymouse 32
Prodigious 32
Purple Tigress 32

Queen Bee 33
Rena Rouge 33
Renlings 34
Renren 34
Roaar 34
Rooster Bold 35
Rose Lavillant 35
Ryûko 35
Sabrina Raincomprix 36
Sass 36
Schmetterlinge 36
Sentimonster 36
Shadow Moth 37
Sparrow 37
Stompp 37
Su-Han 38
Superhelden 38
Superkräfte 38
Superschurken 39
Tempel der Hüter 39
Thomas Astruc 40
Tikki 40
Trixx 40
United Heroez 41
Vesperia 41
Viperion 41
Wayzz 42
Webserie 42
Xuppu 42
Yin und Yang 42
Zauberbuch 43
Ziggi 43
Zoé Lee 43

Adler-Miraculous

Das Halsband mit dem magischen Adlerkrallenanhänger ist mit dem Kwami **Liiri** verbunden. Durch die Superkraft der **Befreiung** verleiht es seinem Träger die Macht, andere von allem zu befreien, was deren Kräfte einschränkt. Den Superschurken **Techno-Pirate** machte es zum supergefährlichen **Miraclonizer**, und die junge Superheldin **Sparrow** mauserte sich dank seiner magischen Kräfte zur mächtigen Superheldin **Eagle**.

Akuma

Die schwarz-violetten Akumas sind schmetterlingsähnliche magische Wesen, die **Shadow Moth** aussendet, um Menschen mit starken negativen Gefühlen zu akumatisieren und in **Superschurken** zu verwandeln. Ladybug kann den Akuma vom Bann des Bösen befreien und in einen harmlosen weißen Schmetterling zurückverwandeln.

Als **Uncanny Valley** ist Aeon die einzige Androidin im Team der **United Heroez**.

Aeon

Sie sieht zwar aus wie ein ganz normaler Teenager, ist aber ein **Roboter in Menschenform**. Aeon lebt in New York und wurde darauf programmiert, anderen zu helfen.

Deine dunklen Zeiten sind vorbei, kleiner Akuma! Gleich musst du nicht mehr böse sein. Tschüs, kleiner Schmetterling!

Adrien Agreste

Adrien geht in Marinettes Klasse. Er lebt mit seinem Vater, dem berühmten Modedesigner Gabriel Agreste, in einer riesigen Luxusvilla an der Place du Châtelet in Paris. Nach der Schule hat er Klavier-, Chinesisch- und Fechtunterricht oder arbeitet als **Model**. Er isst gerne Croissants und mag die Musik von Kitty Section und Jagged Stone. Sein größtes Geheimnis: Das mächtige Katzen-Miraculous verwandelt ihn in **Cat Noir**, bei Bedarf auch in **Aqua Cat Noir**, **Eis Cat Noir** oder **Astro Cat**. Adrien hat auch schon als **Mister Bug**, **Aspik** und **Snake Noir** das Böse bekämpft. Und er wurde mal in den Superschurken **Cat Blanc** akumatisiert.

Chloé will Adrien ganz für sich und nennt ihn Adri-Chéri. Was ihm natürlich furchtbar peinlich ist!

Alix Kubdel

Die supersportliche Alix gehört zu Marinettes engstem Freundeskreis. Sie liebt Rollschuhfahren und bessert ihr Taschengeld als Fahrradkurier auf. Zum 15. Geburtstag bekam sie von ihrem Vater eine wertvolle **Taschenuhr** und dachte, es wäre ein Familienerbstück – bis sie sich plötzlich selbst gegenüberstand, allerdings als Erwachsene! Seitdem weiß Alix, dass sie sich irgendwann in ferner Zukunft in die Superheldin **Bunnyx** verwandeln wird.

Alya Césaire

Alya ist Marinettes beste Freundin und mit **Nino** liiert. Sie will Journalistin werden und steht auf Superhelden. Kein Wunder, dass sie am liebsten über Ladybug bloggt! Alya ist schon in die Superheldenidentitäten von **Rena Rouge**, **Rena Furtive** und **Scarabella** geschlüpft. Allerdings wurde sie auch schon dreimal akumatisiert – zu **Lady WiFi**, **Rena Rage** und **Oblivio**.

Als **Lady WiFi** war Alya die erste Superschurkin, die ihre Akumatisierung aufheben und sich aus Shadow Moth' Bann befreien konnte.

Amok

Ein Amok ist eine magische Feder, die mit dem **Pfauen-Miraculous** verbunden ist. Wird sie aktiviert, färbt sie sich blau und kann aus den negativen Emotionen eines Menschen ein **Sentimonster** erschaffen.

Barkk
Das **Kwami der Verehrung** gehört mit dem **Hunde-Miraculous** zusammen und verleiht dessen Träger Superkräfte. Barkk hat **Sabrina** in die Superheldin **Miss Hound** verwandelt und Adriens Cousin **Félix** in den Superhelden **Flairmidable**.

Bunnyx
Bunnyx ist die **Superheldin der letzten Chancen**. Sie wird gerufen, wenn alle anderen gescheitert sind. Allerdings erst in ferner Zukunft. Denn unter der Superheldenmaske steckt die erwachsene **Alix** aus der Zukunft, während die gegenwärtige Alix ein Teenager ist und noch zur Schule geht. Kwami **Fluff** verleiht Bunnyx die **Superkraft der Hasenhöhle**. Mit ihr kann Bunnyx durch die Zeit reisen – aus der Zukunft in die Gegenwart, in die Vergangenheit und umgekehrt. Ihren magischen **Schirm** benutzt Bunnyx im geschlossenen Zustand als Angriffswaffe, geöffnet als Abwehrschild.

Caprikid
Dem Superhelden mit den gedrehten Ziegenhörnern verleiht **Ziggi**, das Ziegen-Kwami, über das magische **Ziegen-Miraculous** die **Kraft der Schöpfung**. Mit seinem magischen **Pinsel** kann Caprikid Dinge in die Luft malen, die dann Realität werden. Hinter der schwarz-weißen Superheldenmaske verbirgt sich **Nathaniel**.

> Der Name Caprikid setzt sich aus zwei englischen Wörtern zusammen: **Capricorn** für das Sternzeichen Steinbock und **Kid** für Zicklein.

Carapace

Wenn **Nino** das **Schildkröten-Miraculous** über sein Handgelenk streift und **„Wayzz, verwandle mich!"** ruft, wird er zum Superhelden Carapace. Aktiviert er die **Superkraft des Schutzes**, verwandelt sich sein Schutzpanzer in eine undurchdringliche, grün schimmernde Kugel, die ihn vor Angriffen schützt.

Carapace ist der englische Fachbegriff für den Rückenpanzer der Schildkröte und bedeutet auch im übertragenen Sinn Schutzpanzer. Passt also beides perfekt zu diesem Superhelden!

Cat Noir

Seit Meister Fu ihm heimlich das Katzen-Miraculous zugesteckt hat, verwandelt Adrien sich in den Superhelden **Cat Noir** und kämpft mit seiner Partnerin **Ladybug** – in die er unsterblich verliebt ist – gegen das Böse. Mit dem Zauberwort „Kataklysmus" aktiviert er seine Superpower: die Kraft der **Zerstörung**. Superpraktisch: Seine Allzweckwaffe ist ein schwarzer Stab, den er endlos ausziehen und als Schwert, Schlagstock, Sprungstab, Angel, Propeller, Schild, Ortungsgerät, Navi, Fernglas oder Handy benutzen kann.

Ladybug nennt Cat Noir oft **Miezekatze**.

Chibi

Die **Comic-Webserie** läuft auf YouTube und kommt ganz ohne Dialoge aus. Witzig: Cat Noir ist über beide Katzenohren in Ladybug verknallt und versucht in jeder Webisode, sie zu bezirzen – jedoch immer ohne Erfolg, denn Ladybug alias Marinette hat nur Augen für Adrien.

Chloé Bourgeois

Chloé ist die Tochter des Pariser Bürgermeisters und wohnt im Luxushotel *Le Grand Paris*. Sie kennt Adrien seit dem Kindergarten und will ihn am liebsten ganz für sich alleine. Das ist allerdings so ziemlich das Einzige, was die verwöhnte, egozentrische und arrogante Chloé nicht bekommt. Sie hat zwar alles, was man für Geld kaufen kann, aber keine richtigen Freunde. Bis auf Sabrina – und die wird von Chloé wie eine Sklavin behandelt. Als Superheldin **Queen Bee** ist Chloé längst nicht mehr im Einsatz, dafür hat sie gleich fünf verschiedene Superschurkenidentitäten: **Antibug**, **Queen Wasp**, **Miracle Queen**, **Queen Banana** und **Penalty**.

> Chloé hat einen eigenen Instagram-Account: @theofficialchloebourgeois

Collège Françoise Dupont

Die Pariser Schule in der Nähe des Eiffelturms wird von **Monsieur Damocles** geleitet. **Caline Bustier**, die Literatur unterrichtet, ist die Klassenlehrerin von Marinette und ihren Freunden. **Madame Mendeleiev** lehrt Physik, Chemie und Mathematik, Mylènes Vater **Fred Haprèle** ist Erzieher und **Jean-Pierre Monlataing** Kunstlehrer. **Armand d'Argencourt** gibt Sport und trainiert auch Adrien und Kagami im Fechten.

Die Schule ist nach **Françoise Dupont** benannt, einer Schülerin, die als Superheldin **Fantômette** mit schwarzer Augenmaske und schwarz-rotem Umhang auf Verbrecherjagd geht. Fantômette ist die Titelheldin einer französischen Jugendbuchreihe, die auch fürs Fernsehen und als Comic adaptiert wurde.

Daizzi

Das niedliche **Kwami des Jubels** gehört zum **Schweine-Miraculous** und verleiht dessen Trägerin die Kraft, den Herzenswunsch einer Person zu erfahren. **Rose** wurde von Daizzi in die Superheldin **Pigella** verwandelt. Die beiden passen wirklich perfekt zusammen.

Duusu

Das **Kwami der Emotionen** ist mit dem **Pfauen-Miraculous** verbunden. Zu seinem Leidwesen befindet es sich im Besitz von Gabriel Agreste, den es – zusammen mit Nooroo – in den Erzbösewicht **Shadow Moth** verwandelt. Nathalie Sancœur wurde durch Duusu zur Superschurkin **Mayura**.

> Emilies Porträt in Gabriels Atelier basiert auf einem berühmten Gemälde des Wiener Jugendstilkünstlers **Gustav Klimt**.

Eagle

Die Superheldin gehört zum Team der US-amerikanischen **United Heroez**. Hinter ihrer Maske steckt die Schülerin Jessica Keynes, der das **Adler-Miraculous** die Kraft der **Befreiung** verleiht. Zu ihrer Ausrüstung gehört das **Schwirrholz**, das sie als Waffe und zur Fortbewegung nutzt.

Emilie Agreste

Emilie ist die Mutter von Adrien. Was ihr Sohn nicht weiß: Warum sie eines Tages plötzlich verschwunden ist – und dass Gabriel Agreste seine leblose Frau in einer Art gläsernem Sarg tief unter der Villa versteckt hat.

Familie Dupain-Cheng

Marinettes Eltern **Tom Dupain** und **Sabine Cheng** führen eine kleine Bäckerei, vor der die Leute regelmäßig Schlange stehen. Normalerweise wegen der knusprigen Croissants und köstlichen Macarons – am Dreikönigstag aber vor allem wegen der traditionellen Galette, die Tom und sein Vater **Rolland Dupain** gemeinsam kreiert haben. So ist es nicht verwunderlich, dass Marinettes Großvater an diesem Tag mit anpackt, denn da geht es in der Backstube heiß her. Dagegen interessiert sich Marinettes Großmutter **Gina Dupain** eher für die heißen Auspuffrohre von Motorrädern. Vom chinesischen Zweig ihrer Familie hat Marinette bisher nur ihren Großonkel **Wang Cheng** und ihre Tante **Shu-Yin** kennengelernt.

Marinettes Mutter heißt eigentlich **Xia Bing** (sprich Scha-Bing), hat ihren chinesischen Vornamen aber in Sabine (sprich Sabinn) geändert, als sie von Shanghai nach Paris kam.

Faustgruß

Immer wenn Ladybug und Cat Noir einen Superschurken unschädlich gemacht haben, besiegeln die beiden ihre erfolgreiche Mission mit einem Faustgruß und rufen: „**Gut gemacht!**"

Félix Graham de Vanily

Félix sieht seinem **Cousin** Adrien zum Verwechseln ähnlich. Kein Wunder, denn die Mütter der beiden, **Amélie** und **Emilie**, sind Zwillinge! Ganz im Gegensatz zu Adrien ist Félix allerdings boshaft und hinterhältig. Das **Hunde-Miraculous** macht ihn zu **Flairmidable**.

Flairmidable

Als **Félix** sich wieder mal für **Adrien** ausgibt, fällt Ladybug auf seine Täuschung herein und vertraut ihm das **Hunde-Miraculous** an. So wird er zu **Flairmidable** und schafft es, Ladybug die meisten ihrer Miraculous zu stehlen.

Flairmidable und Cat Noir sind wie Hund und Katze – genau wie ihre Kwamis.

Fluff

Das **Kwami der Evolution** wird in Zukunft einmal Alix in **Bunnyx** verwandeln. Fluff gehört mit dem **Hasen-Miraculous** zusammen und verleiht dessen Trägerin die Superkraft der **Hasenhöhle**. Die macht Zeitreisen möglich – in jede beliebige Zeit. Verständlich, dass Fluff manchmal ein wenig verwirrt ist …

Fei

Die 15-jährige Chinesin lebt in Shanghai und ist als **Renren** die aktuelle **Hüterin des Prodigious**. Mei Shi verleiht ihr Superkräfte, mit denen sie sich in **Ladydragon** verwandelt.

Gabriel Agreste

Der berühmte Pariser **Modedesigner** wirkt machtbesessen, kalt und abweisend. Darunter leidet vor allem sein Sohn **Adrien**. Den würde Gabriel am liebsten nicht aus den Augen lassen – aus Angst, ihn zu verlieren. Denn einen weiteren Schicksalsschlag kann Gabriel nicht verkraften, nachdem seine Frau **Emilie** in ein geheimnisvolles Koma fiel. Gabriel setzt alles daran, sie zurückzuholen. Dafür braucht er das Marienkäfer-Miraculous und das Katzen-Miraculous. Um diese beiden mächtigen Schmuckstücke zu bekommen, verwandelt er sich in einen Erzbösewicht, der Menschen in Superschurken akumatisiert: Erst war er **Hawk Moth**, dann **Shadow Moth**. Außerdem schlüpfte er in die Haut der Superschurken **Collector**, **Scarlet Moth** und **Shadow Noir**.

> Gabriel Agreste verlässt nur selten das Haus. Er kann aber **Hologramme** von sich erzeugen. So erweckt er den Eindruck, er würde in seiner Luxuslimousine durch Paris fahren.

Glücksbringer

Diese besondere Superkraft hat nur der Besitzer des **Marienkäfer-Miraculous**, zurzeit also Marinette. Wirft sie ihr Jo-Jo in die Luft und ruft: „**Glücksbringer!**", erhält sie einen Gegenstand, der ihr als Hinweis im Kampf gegen Superschurken dient. Je nach Situation erhält sie die unterschiedlichsten Dinge, denen aber immer eins gemeinsam ist: Sie sind rot mit schwarzen Punkten.

Hasencheck

Marinette, Alya, Mylène, Alix, Juleka und Rose haben ein megasüßes Zeichen, das sie als Freundinnen verbindet: Sie stellen sich im Kreis auf, strecken eine Hand nach vorne, wackeln mit zwei Fingern und rufen: „Hasencheck!"

Hawk Moth

Wenn **Gabriel Agreste** das Schmetterlings-Miraculous trägt und **„Nooroo, verwandle mich!"** befiehlt, transformiert ihn das Kwami in den Erzschurken **Hawk Moth** und verleiht ihm die Superkraft der **Akumatisierung**. Sein schwarzer Stock verbirgt einen rasiermesserscharfen Degen.

Hawk Moth ist eine Hommage an den skrupellos genialen Bösewicht **Fantômas**, der in den populären französischen Filmen aus den 1960er-Jahren eine blaugraue Gesichtsmaske trägt.

In Shanghai gibt es die **Hüterin des Prodigious**. Sie wird auch **Renren** genannt.

Hüterinnen und Hüter

Magische Schmuckstücke werden nur außergewöhnlich zuverlässigen und verantwortungsvollen Menschen anvertraut. Mögliche Hüter werden in der Regel schon als Kinder ausgewählt und jahrelang ausgebildet. **Marinette**, die aktuelle Hüterin der Miraculous, bekam die Miraculous-Schatulle von ihrem Vorgänger **Meister Fu**. Nun muss sie darauf achten, dass die Miraculous nicht in falsche Hände geraten, und sie bei Bedarf würdigen Personen anvertrauen, die sie zum Wohl der Allgemeinheit einsetzen.

Ivan Bruel

Der große, bullige Ivan geht in Marinettes Klasse und ist mit **Mylène** zusammen. Seine raue Schale täuscht – er hat nämlich einen weichen Kern und ist sehr sensibel. Ivan wurde schon mehrmals zum Superschurken **Stoneheart** akumatisiert, ist inzwischen aber auch als Superheld **Minotaurox** im Einsatz.

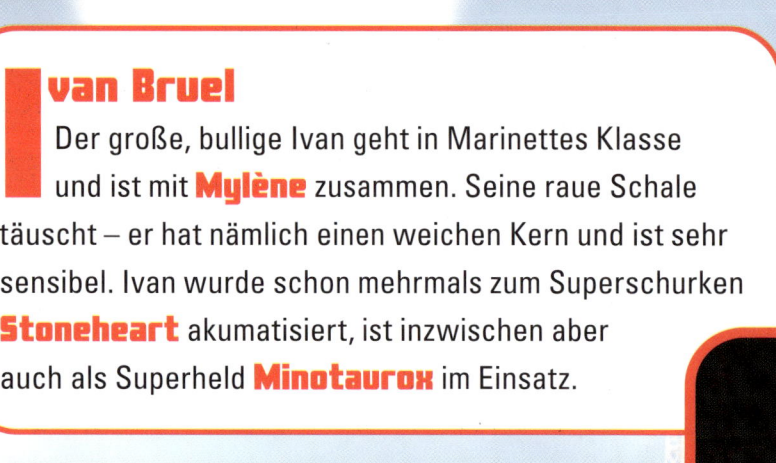

Ivans Lieblingsband sind die **Kracherzombies**. Ivan selbst spielt **Schlagzeug** in der Schülerband Kitty Section.

Jade Turtle

Meister Fu verwandelte sich mit dem **Schildkröten-Miraculous** und Kwami **Wayzz** in den Superhelden Jade Turtle. Wenn er **„Schutzschild!"** rief, erzeugte sein Schild ein undurchdringliches, grün schimmerndes Kraftfeld, das ihn vor Angriffen schützt! Seit er die Miraculous-Schatulle Marinette anvertraut hat, kann er sich an seine Zeit als Superheld allerdings nicht mehr erinnern.

"Ich bin ein Rockstar, kein Popsternchen, das noch in den Windeln liegt."

Jagged Stone

Der exzentrische Rockstar, der sich ein Krokodil als Schmusetier hält, ist der Vater von Juleka und Luka – und der absolute Lieblingssänger von Adrien und Marinette. Die durfte sogar seine coole Rock-'n'-Roll-Brille designen! Jagged Stone wurde schon oftmals zum Superschurken **Guitar Villain** akumatisiert.

Jo-Jo

Mit der magischen Allzweckwaffe des **Marienkäfer-Miraculous** kann **Ladybug** sich von Dach zu Dach schwingen und abseilen. Das Jo-Jo dient ihr als Lasso, Fessel, Schutzschild, Handy, Navi – und als Medium, über das sie schnell Zugriff auf die **Miraculous** in der Miraculous-Schatulle hat. Außerdem fängt Ladybug mit dem Jo-Jo **Akumas** und befreit sie vom Bann des Bösen.

Juleka hat mal ein Schuljahr wiederholt. Darum ist sie in Marinettes Klasse und nicht ein Jahr darüber bei ihrem Zwillingsbruder Luka.

Juleka Couffaine

Die sensible und extrem schüchterne Juleka gehört mit ihrer BFF **Rose** zu Marinettes engsten Freundinnen. Mit ihrer Mutter Anarka und ihrem Bruder **Luka** lebt sie auf einem Hausboot am Ufer der Seine. Juleka steht auf lila-schwarze Gruftiklamotten, spielt Gitarre in der Band **Kitty Section** und wurde schon mehrmals zu **Reflekta** akumatisiert. Als **Purple Tigress** ist sie in Ladybugs Superheldenteam.

Kaalki

Das **Kwami der Teleportation** ist mit dem **Pferde-Miraculous** verbunden und verleiht dessen Träger die Superpower, Personen und Gegenstände über weite Strecken an einen anderen Ort zu teleportieren. Wenn Kaalki **Max** in den Superhelden **Pegasus** verwandelt, sieht der Nerd richtig cool aus.

Kagami Tsurugi

Die ehrgeizige Kagami zog mit ihrer Mutter **Tomoe**, einer früheren Fechtweltmeisterin, von Japan nach Paris. Sie geht in Marinettes Klasse und nach der Schule ins Fechttraining. Eine Zeit lang war sie mit **Adrien** zusammen, inzwischen sind die beiden aber nur noch Fechtpartner und Freunde. Kagami wurde zu **Riposte**, **Oni-Chan** und **Lies** akumatisiert und gehört als **Ryûko** zu Ladybugs Superheldenteam.

Kagami hat die Blutgruppe Null. In Japan bedeutet das, dass sie unabhängig, optimistisch, willensstark und intuitiv ist.

Kataklysmus

Die Superkraft der **Zerstörung** wird aktiviert, wenn **Cat Noir** „Kataklysmus!" ruft. Dann lädt sich die Hand, an der er das **Katzen-Miraculous** trägt, mit negativer Energie, und alles, was er berührt, wird zerstört.

Kim Lê Chiến

Kim geht in Marinettes Klasse und hält sich für unwiderstehlich. Er ist ein super Sportler, aber nicht gerade der Hellste. Zum Glück ist sein bester Freund **Max** das Superhirn der Klasse. Kim wurde zu **Dark Cupid** akumatisiert und von **Xuppu** in den Superhelden **King Monkey** verwandelt.

Kim hat vietnamesische Vorfahren.

King Monkey
Wenn Kim das **Affen-Miraculous** trägt und „**Xuppu, verwandle mich!**" ruft, wird er zum Superhelden King Monkey, dem das Affen-Kwami die **Superpower des Tumults** verleiht. Damit kann er die Superkräfte anderer behindern.

Kitty Section
Die Schülerband probt auf dem Hausboot der Familie Couffaine und besteht aus **Luka** als Leadgitarrist, **Juleka** an der Bassgitarre, **Ivan** am Schlagzeug und Leadsängerin **Rose**, die auch die Songs schreibt. **Adrien** war schon als Gastmusiker am Keyboard dabei, und **Marinette** hat die Kostüme der Band entworfen.

Kwamis
Kwamis sind mausgroße **magische Wesen**, die mit den Miraculous verbunden sind und deren Trägern Superkräfte verleihen. Sie sind Jahrtausende alt und feiern ihre Geburtstage nicht in Jahren, sondern in Zyklen – wobei ein Zyklus mehreren Hundert Menschenjahren entspricht. Kwamis können weder gefilmt noch fotografiert werden. Es ist auch unmöglich, sie einzufangen, da sie alles durchdringen können. Allerdings müssen sie ihrem **jeweiligen Meister** gehorchen – selbst wenn er sie für böse Zwecke missbraucht. Bisher sind **20 Kwamis** bekannt: Barkk, Daizzi, Duusu, Fluff, Kaalki, Liiri, Longg, Mullo, Nooroo, Orikko, Plagg, Pollen, Roaar, Sass, Stompp, Tikki, Trixx, Wayzz, Xuppu und Ziggy.

Kwamis sind unsterblich. Sie leben ewig.

Ladybug

Trägt Marinette das **Marienkäfer-Miraculous** und sagt: „**Tikki, verwandle mich!**", wird sie zur Superheldin **Ladybug** mit der unverwechselbaren Augenmaske im Marienkäferlook und dem passenden Outfit samt **Jo-Jo**. Ihre Superkräfte sind **Glücksbringer** und **Miraculous Ladybug**. Als **Eis-Ladybug** trägt sie Schlittschuhe und kommt mit Kälte und Eis klar, als **Aqua-Ladybug** mit Taucherflossen ist sie für Unterwassereinsätze gerüstet, und als **Cosmobug** kämpft sie sogar im All gegen das Böse. Über die neusten Aktionen der coolen Superheldin berichtet Alya regelmäßig im **Ladybug-Blog**.

Ladydragon

Hinter der Maske der Superheldin verbirgt sich das Mädchen **Fei**, der **Mei Shi** die Superkräfte des **Prodigious** verleiht.

Liiri

Das **Kwami der Freiheit** ist mit dem **Adler-Miraculous** verbunden und verleiht dessen Träger die Superkraft, Menschen von unnötigem Ballast zu befreien. Liiri stammt aus der Miraculous-Schatulle der amerikanischen Ureinwohner und verwandelt **Jessica Keynes** in **Eagle**, eine Superheldin aus dem Team der US-amerikanischen **United Heroez**.

In Kombination mit anderen Miraculous kann Ladybug sich auch in Multibug, Dragonbug, Pegabug, Pennybug und Lady Bee verwandeln.

Lila

Die schlaue, aber hinterhältige Lila geht in Marinettes Klasse. Weil sie ständig lügt und versucht, durch Betrug ans Ziel zu kommen, kann Marinette sie gar nicht leiden. Shadow Moth hat Lila in **Volpina** und **Chameleon** akumatisiert.

Longg

Das **Kwami der Perfektion** ist mit dem **Drachen-Miraculous** verbunden und verleiht dessen Träger die Superkraft der Elemente **Wind**, **Wasser** oder **Blitz**. Kagami wurde von Longg in die Superheldin **Ryûko** verwandelt.

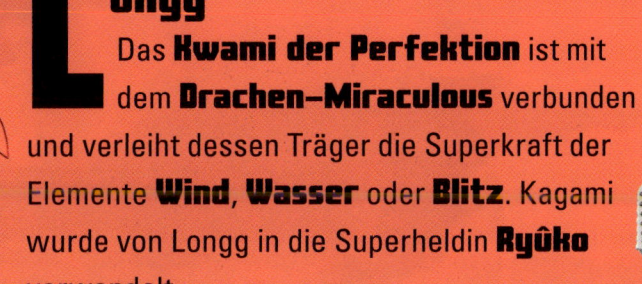

Luka Couffaine

Der Zwillingsbruder von **Juleka** ist hilfsbereit, ruhig und überlegt – so ziemlich das Gegenteil von Marinette, die oft hektisch und tollpatschig ist. Er liebt Marinette und war auch kurz mit ihr zusammen. Aber seit er weiß, dass sie Adrien liebt, unterstützt er sie „nur" noch als Freund. Er wurde zu **Silencer** und **Truth** akumatisiert und gehört als Superheld **Viperion** zu Ladybugs Team.

> Du kannst dich immer auf mich verlassen, Marinette!

> Luka ist der einzige Mensch, der weiß, wer **Ladybug** und **Cat Noir** wirklich sind.

Magische Anhänger

Die hübschen, bunten Schmuckstücke mit den fünf Marienkäferpunkten gibt **Ladybug** allen, die sie gerade deakumatisiert hat. Die magischen Anhänger sollen daran erinnern, dass negative Emotionen verwundbar machen, und ihre Träger vor künftigen Akumatisierungen schützen.

Marc Anciel

Der nervöse, schüchterne Marc geht ebenfalls auf das Collège Françoise Dupont. Er wurde zu **Reverser** akumatisiert und gehört als **Rooster Bold** zu Marinettes Superheldenteam.

Marinette Dupain-Cheng

Marinette ist ein ziemlicher Tollpatsch. Vor allem wenn **Adrien** in der Nähe ist! In den ist sie verliebt, seit sie ihm zum ersten Mal begegnete. Aber zum Leidwesen ihrer besten Freundin **Alya** traut Marinette sich nicht, ihm ihre Gefühle zu gestehen. Ganz und gar nicht schüchtern ist sie dagegen als **Klassensprecherin** von Madame Bustiers Klasse am Collège Françoise Dupont. Auch sonst ist sie immer hilfsbereit und setzt sich für andere ein. Wenn sie nicht gerade in der Bäckerei ihrer Eltern aushilft, entwirft sie Mode oder trifft sich mit ihren Freunden. Ihr größtes Geheimnis: Sie ist die **Hüterin der Miraculous** und kann sich in die Superheldin **Ladybug** inklusive all ihrer Varianten verwandeln. Hawk Moth gelang es zwar mal, sie in die Superschurkin **Princess Justice** zu akumatisieren – aber nur kurz …

Auch Marinette ist auf Instagram aktiv, ihr Account heißt: **@marinettedesigned**

Max Kanté

Der eher in sich gekehrte Mathe- und Technikfreak geht in Marinettes Klasse und ist der beste Freund von **Kim**. Er liebt Videospiele und hat sich den Hightech-Roboter **Markov** gebastelt. Max wurde zu **Gamer** akumatisiert und gehört als **Pegasus** zum Pariser Superheldenteam.

Markov ist die erste Maschine, die Hawk Moth akumatisiert – und die sich prompt dem Willen ihres Meisters widersetzt.

Mayura

Hinter der Pfauenmaske der Superschurkin verbirgt sich **Nathalie Sancœur**, die treue Assistentin von Gabriel Agreste. Wenn sie das **Pfauen-Miraculous** ansteckt, kann sie dank **Duusu** die Superkraft der **Amokisierung** nutzen. Dazu zupft Mayura eine weiße Feder von ihrem magischen **Fächer**, aus der dann ein **Amok** entsteht.

Mei Shi

Das magische Wesen ist der **Beschützer des Prodigious** in **Shanghai**. Mei Shi kann die Form einer riesigen chinesischen Löwenstatue annehmen oder als kleine, kwamiähnliche Kreatur in Löwenform erscheinen. Nachdem er **Fei Wu** erlaubte, das Prodigious zu tragen, weil er sie für würdig befand, machte er sie als **Renren** zur Hüterin des Prodigious. **Hawk Moth** akumatisierte Mei Shi zu **YanLuoShi**, dessen zerstörerische Kraft Shanghai fast vernichtet hätte.

Meister Fu
Der altehrwürdige Chinese wurde schon als kleiner Junge zum **Hüter der Miraculous** ausgebildet. Nach langen Jahren im Dienst für das Gemeinwohl und als **Jade Turtle** hat er die **Miraculous-Schatulle** an Marinette weitergegeben und die zur neuen Hüterin ernannt. Mit gut 186 Jahren hat er sich den Ruhestand auch redlich verdient, oder?

Minotaurox
Trägt Ivan das **Ochsen-Miraculous** und sagt: „**Stompp, verwandle mich!**", wird er zum Superhelden **Minotaurox** mit den markanten Stierhörnern und einem magischen **Hammer**. Seine Superkraft **Widerstand** macht Minotaurox immun gegen andere Superkräfte.

Miraculous
Miraculous sind magische Objekte, die ihre Träger in Superhelden verwandeln. Am mächtigsten sind das **Marienkäfer-Miraculous** und das **Katzen-Miraculous**. Darum will Gabriel Agreste Ladybugs Ohrstecker und Cat Noirs Ring unbedingt an sich bringen. Denn wer diese beiden Miraculous besitzt, kann mit einer speziellen Beschwörungsformel die ultimative Macht erlangen und sich jeden Wunsch erfüllen. Ladybug und Cat Noir dürfen ihre Miraculous also keinesfalls verlieren – sonst steht das Gleichgewicht des Universums auf dem Spiel.

> Der Name Minotaurox spielt auf Minotauros an, ein Mischwesen aus der griechischen Mythologie, das den Körper eines Mannes mit dem Kopf eines Stiers hatte und in einem Labyrinth auf Kreta eingesperrt war.

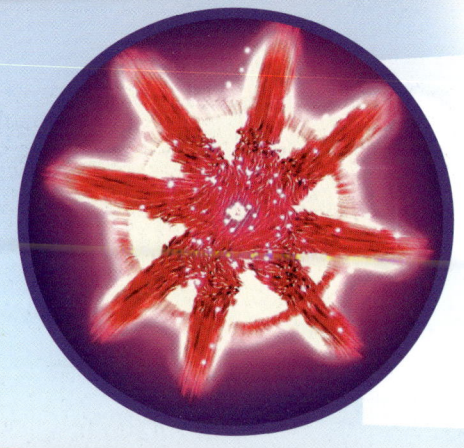

Miraculous Ladybug

Wenn Ladybug den **Glücksbringer** in die Luft wirft und **„Miraculous Ladybug!"** ruft, löst sie eine Explosion magischer Energie aus. Diese strömt in Form von Tausenden Marienkäfern durch Paris und behebt alle Schäden, die durch einen Superschurken verursacht wurden.

Miraculous-Schatulle

Die Miraculous-Schatulle ist eine Box, in der die wertvollen Miraculous aufbewahrt werden und die Kwamis zu Hause sind. Das Aussehen der Schatulle passt sich dem **jeweiligen Hüter** an: Bei Meister Fu hatte sie ein chinesisches Design, bei Marinette erscheint sie im poppigen Marienkäferlook.

Ist es nicht ein bisschen zu eng da drin?

Oh nein, in der Schatulle befindet sich eine ganze Parallelwelt!

Wenn ein Hüter die Schatulle weitergibt, wird sein Gedächtnis gelöscht. So bleibt das Wissen um die magischen Miraculous geheim.

Miss Hound

Als **Sabrina** von Kwami **Barkk** in die Superheldin Miss Hound verwandelt wurde, verlieh ihr das Hunde-Miraculous Superkräfte. Sobald sie **„Hol!"** rief, bekam sie alles, was ihr kleiner magischer **Ball** berührte.

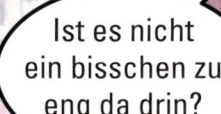

Mullo

Das niedliche **Kwami der Vermehrung** gehört zum **Mäuse-Miraculous** und verleiht dessen Trägerin die Kraft der **Vervielfachung**. **Mylène** wurde von Mullo in die Superheldin **Polymouse** verwandelt.

Mylène Haprèle

Die supersensible Mylène geht in Marinettes Klasse, ist mit **Ivan** zusammen und gehört zu Marinettes engsten Freundinnen. Sie strotzt nicht gerade vor Selbstvertrauen, ist scheu und ängstlich. Allerdings setzt sie sich selbstlos für gute Zwecke ein, vor allem für Umweltschutz und Klima. Wenn Ladybug ihr das Mäuse-Miraculous anvertraut, verwandelt sich Mylène in die Superheldin **Polymouse**. Von Hawk Moth wurde sie zu **Horrificator** akumatisiert.

Nathalies Nachname entspricht dem französischen „sans cœur", was wörtlich „ohne Herz" bedeutet.

Nathalie Sancœur

Nathalie ist die treue Assistentin von Gabriel Agreste. Sie kümmert sich aufopferungsvoll um Adrien und alles, was die Familie Agreste betrifft. Gabriel Agreste ist sie so ergeben, dass sie selbst vor düstersten Machenschaften nicht zurückschreckt. Seinetwegen ließ sie sich zu **Catalyst** akumatisieren und benutzte sogar das defekte **Schmetterlings-Miraculous**, das sie in die Superschurkin **Mayura** verwandelte.

Nathaniel Kurtzberg

Der stille und zurückhaltende Nathaniel geht in Marinettes Klasse. Er ist schüchtern und sensibel. Aber er ist auch ein begnadeter Zeichner und drückt seine Gefühle über Bilder aus. Nathaniel steckte hinter der Maske des Superschurken **Evillustrator** und kämpft als **Caprikid** in Ladybugs Superheldenteam. In beiden Rollen kommt ihm sein Zeichentalent zugute.

Nino Lahiffe

Nino ist Adriens bester Freund und sitzt in der Schule neben ihm. Er ist der Klassenclown und immer gut drauf. Da er auf Musik steht, jobbt er in seiner Freizeit als DJ. Nino ist mit **Alya** zusammen. Er wurde schon öfter akumatisiert – zu **Bubbler**, **Shell Shock**, **Oblivio**, **Rocketear** – und unterstützt Ladybugs Superheldenteam als **Carapace**.

> Hey, kleiner Kerl! Bist du so was wie 'n Flaschengeist?

> Ich bin ein Kwami. Ich kann keine Wünsche erfüllen, aber ich verleihe dir Superkräfte.

Ninos Familie stammt aus Marokko.

Nooroo

Das **Kwami der Übertragung** ist mit dem **Schmetterlings-Miraculous** verbunden. Seit einiger Zeit ist Nooroo im Besitz von **Gabriel Agreste** und muss alles tun, was er verlangt. Der Bösewicht missbraucht Nooroos Macht und kann dadurch andere Personen zu seinen ergebenen Dienern machen.

Nooroo ist 3 500 Zyklen alt – das sind mindestens 700 000 Jahre!

Orden der Hüter

Im Orden der **Hüter** vereinigen sich sämtliche Hüter, denen **Miraculous** anvertraut wurden. **Meister Fu** war Mitglied im Orden, bis er die **Miraculous-Schatulle** an Marinette weitergab und sie zur neuen Hüterin machte. **Su-Han** ist der Großmeister des Ordens.

Orikko

O Das **Kwami der Täuschung** verleiht dem Träger des **Hahnen-Miraculous** die Macht, jede beliebige Superkraft zu aktivieren. **Marc** wurde von Orikko in den Superhelden **Rooster Bold** verwandelt.

> Orikkos Name spielt auf den Hahn an, der in Frankreich nicht „Kikeriki!", sondern „Cocorico!" ruft.

Paris

Paris ist nicht nur die Hauptstadt Frankreichs, sondern auch die Stadt der Liebe, der Superhelden und Superschurken. Hier kämpft Ladybug gemeinsam mit Cat Noir und ihrem Superheldenteam gegen das Böse. Nur gut, dass Ladybug auch die Superpower **Miraculous Ladybug** hat, sonst wäre Paris mit all seinen Sehenswürdigkeiten – vom Eiffelturm über die Kathedrale Notre-Dame bis zum Louvre – schon x-mal zerstört worden.

Pegasus

P Trägt **Max** das **Pferde-Miraculous** und sagt: „Kaalki, verwandle mich!", wird er zum Superhelden **Pegasus** mit dem magischen Bumerang, der aussieht wie ein **Hufeisen**. Mit seiner Superkraft **Voyage** kann er ein Portal öffnen und an jeden beliebigen Ort reisen.

> Der Name **Pegasus** spielt auf Pegasos – ein geflügeltes Pferd in der griechischen Mythologie – an und passt damit perfekt zu einem Superhelden, der überallhin reisen kann.

Pigella

Wenn Rose das **Schweine-Miraculous** trägt und „**Daizzi, verwandle mich!**" spricht, wird sie zur Superheldin **Pigella**. Küsst sie ihr magisches **Tamburin**, aktiviert sie die **Kraft des Jubels**. Schwingt sie das Tamburin durch die Luft und ruft dabei das Schlüsselwort „**Geschenk!**", erscheint ein geheimnisvoll leuchtendes Paket, dem sie den größten Herzenswunsch einer Person entnehmen kann.

Plagg

Das kleine schwarze Kerlchen gehört mit dem **Katzen-Miraculous** zusammen und verleiht **Cat Noir** dessen Superkräfte. Plagg ist schon über 65 Millionen Jahre alt und extrem faul. Am allerliebsten gibt er sich seiner größten Leidenschaft hin: extrem geruchsintensiven Camembert zu verputzen.

Als **Kwami der Zerstörung** hat Plagg schon ziemlich viel Unheil angerichtet – das Aussterben der Dinosaurier, der Untergang von Atlantis und der Schiefe Turm von Pisa sollen auf sein Konto gehen ...

Pollen

Das niedliche **Kwami der Unterwerfung** ist mit dem **Bienen-Miraculous** verknüpft und verleiht dessen Trägerin die Superkraft der **Betäubung**. **Chloé** wurde von Pollen in die Superheldin **Queen Bee** verwandelt, ihre Halbschwester **Zoé** in **Vesperia**.

Majestät ...

Sei still! Du sprichst nur, wenn du angesprochen wirst.

Polymouse

Polymouse gehört zum Pariser Superheldenteam. Hinter der mausgrauen Maske steckt **Mylène**, der **Mullo** über das **Mäuse-Miraculous** die Kraft der **Vervielfachung** verleiht. Zur Ausrüstung von Polymouse gehört ein magisches **Springseil**, mit dem sie ihre Superpower aktivieren kann.

Prodigious

Das Prodigious ist eine magische Halskette mit Anhänger. Es wurde in einer Höhle in Shanghai aufbewahrt – bis **Mei Shi**, der Beschützer des Prodigious, **Fei Wu** für würdig befand, das kostbare Amulett zu tragen, und zur Superheldin **Renren** machte.

Purple Tigress

Purple Tigress gehört zu Ladybugs Superheldenteam. Hinter der Maske verbirgt sich **Juleka**, der **Roaar** über das **Tiger-Miraculous** die Superpower **Schlagkraft** verleiht. Zur Ausrüstung von Purple Tigress gehört die **Bola**, eine magische Wurfwaffe, die aus drei Bällen besteht und alles, was sie berührt, in weite Ferne schleudert.

Cat Noir, das ist Purple Tigress.

Miaaaauuu! Dann gehörst du ja praktisch zur Familie …

Queen Bee

Als **Chloé** von Ladybug das **Bienen-Miraculous** anvertraut bekam und „Pollen, verwandle mich!" rief, wurde sie zur Superheldin **Queen Bee**. Mit der Kraft der **Betäubung** konnte sie jeden, den ihr magischer **Kreisel** berührte, außer Gefecht setzen. Doch dann missbrauchte Chloé ihre Superpower, und das ist ein absolutes No-Go für eine Superheldin! Seitdem ist Chloés Traum, Queen Bee zu sein, ausgeträumt.

Rena Rouge

Alya wurde vom Fuchs-Kwami **Trixx** in die Superheldin Rena Rouge verwandelt, der das **Fuchs-Miraculous** die Kraft der **Illusion** verleiht. Sobald Rena Rouge auf ihrer **Flöte** spielt, erzeugt sie eine magische Energiekugel, die eine Illusion vortäuscht.

Als Alyas Identität auffliegt, tarnt sie sich als **Rena Furtive** im silbergrauen Polarfuchslook.

Renlings

Die kleinen magischen Wesen können die Person, die das **Prodigious** trägt, in Tiere mit Superkräften verwandeln. **Hou Hou**, das Renling der **Barmherzigkeit**, verwandelt sie in einen magischen **Affen**. **Hu Hu**, das Renling der **Disziplin**, macht sie zu einem magischen **Tiger**. **Long Long**, das Renling der **Gerechtigkeit**, verleiht ihr die Kräfte eines magischen **Drachen**. **Ma Ma**, das Renling der **Ehre**, verwandelt sie in ein magisches **Pferd**. **She She**, das Renling des **Muts**, gibt ihr die Superpower einer magischen **Schlange**. **Tang Tang**, das Renling der **Geduld**, verwandelt sie in eine magische **Gottesanbeterin**. **Ying Ying**, das Renling der **Zuversicht**, macht sie zu einem magischen **Adler**, und **Xiong Xiong**, das Renling der **Ruhe**, lässt sie zu einem magischen **Bären** werden.

Renlings können nur von der Renren gesehen werden.

Renren

Die **Hüterin des Prodigious** hat den Titel **Renren**. Hinter der Superheldenmaske verbirgt sich **Fei**, die dafür verantwortlich ist, dass das magische Schmuckstück nicht in falsche Hände gerät. Mithilfe der Renlings kann sie sich in **Ladymonkey**, **Ladytiger**, **Ladydragon**, **Ladyhorse**, **Ladysnake**, **Ladymantis**, **Ladyeagle** und **Ladybear** verwandeln.

Roaar

Das **Kwami der Schlagkraft** ist mit dem **Tiger-Miraculous** verbunden und verleiht dessen Träger **Schlagkraft**. **Juleka** wurde von Roaar in die Superheldin **Purple Tigress** verwandelt.

Rooster Bold

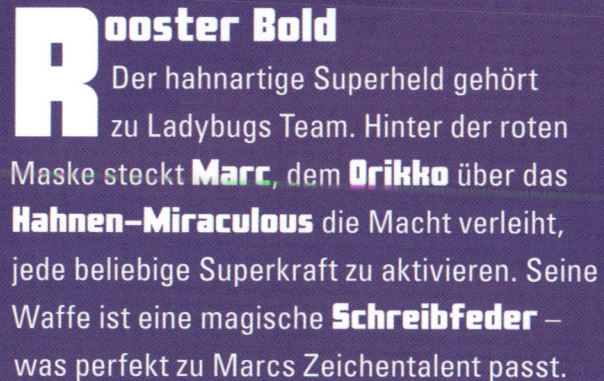

Der hahnartige Superheld gehört zu Ladybugs Team. Hinter der roten Maske steckt **Marc**, dem **Orikko** über das **Hahnen-Miraculous** die Macht verleiht, jede beliebige Superkraft zu aktivieren. Seine Waffe ist eine magische **Schreibfeder** – was perfekt zu Marcs Zeichentalent passt.

Der Name Rooster Bold ist eine Anspielung auf den DC-Comic-Superhelden Booster Gold.

Rose Lavillant

Rose gehört mit ihrer BFF **Juleka** zu Marinettes engsten Freundinnen. Rose ist freundlich, hilfsbereit und findet alles süß – besonders wenn es rosa ist. Kaum zu glauben, dass die zarte Rose, die als Kind mal sehr krank war, nun Leadsängerin von **Kitty Section** ist und die Songs der Band schreibt. Rose wurde schon mehrmals zu **Princess Fragrance** akumatisiert und ist als **Pigella** in Ladybugs Superheldenteam.

Ryûko

Hinter der Superheldin mit dem magischen **Schwert** und der roten Drachenmaske verbirgt sich **Kagami**. Wenn Ryûko das **Drachen-Miraculous** trägt, kann sie dank Longg die Naturelemente Wasser, Wind oder Blitz entfesseln – allerdings muss sie sich für eins der drei entscheiden.

Sabrina Raincomprix

Die unscheinbare Sabrina geht in Marinettes Klasse und sitzt neben **Chloé**. Auch außerhalb der Schule tut sie alles, was Chloé von ihr verlangt, und lässt sich obendrein noch von ihr beschimpfen. Nachdem Sabrina zu **Vanisher** und **Miraculer** akumatisiert wurde, war sie auch als Superheldin **Miss Hound** im Einsatz.

Sass

Als Kwami der Intuition gehört Sass zum **Schlangen-Miraculous** und verleiht dessen Träger die Kraft der **zweiten Chance**. Wird die Kraft aktiviert, kann der Superheld innerhalb von fünf Minuten die Zeit beliebig oft zu diesem Zeitpunkt zurückdrehen. Sass verwandelte **Adrien** in den Superhelden **Aspik** und **Luka** in **Viperion**.

> Mit Sass' Hilfe vereint Cat Noir das Schlangen-Miraculous mit dem Katzen-Miraculous und wird zu Snake Noir.

Schmetterlinge

Gabriel Agreste züchtet in einem verborgenen Gewölbe unter seinem Anwesen jede Menge weißer Schmetterlinge. Als **Hawk Moth** und **Shadow Moth** verwandelt er sie bei Bedarf in schwarz-violette **Akumas**.

> Ladybug schenkt jedem Schmetterling, den sie deakumatisiert, die Freiheit.

Sentimonster

Die Bösewichte mit der gigantischen Zerstörungsgewalt werden vom **Träger des Pfauen-Miraculous** aus den negativen Emotionen einer Person geschaffen.

Shadow Moth

Wenn Gabriel Agreste das **Schmetterlings-Miraculous** und das **Pfauen-Miraculous** trägt und „**Duale Metamorphose!**" befiehlt, verwandeln ihn **Nooroo** und **Duusu** in Shadow Moth. Dann besitzt der Erzschurke die Kraft, Menschen in Superschurken zu akumatisieren und aus ihren Gefühlen Sentimonster zu erschaffen. Seine Gegenspieler sind **Ladybug** und **Cat Noir**, die seine Opfer befreien und seine Boten des Bösen vernichten.

Sparrow

Superheldin Sparrow gehört zum Team der US-amerikanischen **United Heroez**. Hinter der Maske steckt die 15-jährige Jessica Keynes, die sich durch die Magie des **Adler-Miraculous** und Kwami **Liiri** zur Superheldin **Eagle** gemausert hat.

Sparrow und Eagle sind die englischen Begriffe für Spatz und Adler.

Stompp

Das **Kwami der Entschlossenheit** ist mit dem **Ochsen-Miraculous** verbunden und verleiht dessen Träger die Macht, jeder anderen Superpower zu widerstehen. **Ivan** wurde von Stompp in den Superhelden **Minotaurox** verwandelt.

Su-Han

Als Großmeister im Orden der Hüter ist Su-Han so etwas wie der Chef von Marinette. Mit dem Kompass in seinem **Zepter** kann er die **Miraculous-Schatulle** immer und überall orten. Anfangs war er gar nicht erfreut über die Tatsache, dass Meister Fu ausgerechnet Marinette zu seiner Nachfolgerin und damit zur neuen Hüterin der Miraculous bestimmte. Doch inzwischen ist ihm klar geworden, dass man einer Hüterin wie ihr nicht jedes Jahrhundert über den Weg läuft.

Wenn der Kuchen spricht, schweigen die Krümel!

Superhelden

Mithilfe von **Kwamis** und magischen **Miraculous** kämpfen in **Paris** Ladybug und ihr Superheldenteam gegen das Böse. In **New York** gibt es die Superhelden der **United Heroez**. In **Shanghai** hält Superheldin **Fei** mithilfe der **Renlings** und des magischen **Prodigious** die Superschurken in Schach.

Superkräfte

Superhelden werden ihre Superkräfte von **Kwamis** über die **Miraculous** verliehen. **Superschurken** erhalten ihre Superkräfte von Gabriel Agreste alias **Hawk Moth** oder **Shadow Moth**.

Wir sind ein Team unbesiegbarer Superhelden.

Superschurken

Gabriel Agreste missbraucht die magischen Kräfte des Schmetterlings-Miraculous und schickt als Erzschurke **Hawk Moth** oder **Shadow Moth** Akumas aus, um Menschen mit starken negativen Emotionen zu akumatisieren und in Superschurken zu verwandeln. Dann verleiht er den Superschurken zerstörerische Kräfte, damit sie ihm im Gegenzug die beiden mächtigsten Miraculous bringen: **Ladybugs Ohrstecker** und **Cat Noirs Siegelring**.

> Taubenliebhaber Xavier Ramier, der bereits 72 Akumatisierungen zu **Mister Pigeon** hinter sich hat, hält den Rekord unter den Superschurken – kein anderer wurde so oft akumatisiert wie er.

Tempel der Hüter

Im Tempel der Hüter wurden einst alle künftigen **Miraculous-Hüter** von Mönchen auf ihre bedeutende Aufgabe vorbereitet. Der Tempel lag in den schneebedeckten tibetischen Bergen. Durch einen Fehler von **Meister Fu**, der damals noch ein Kind war und dort zum Hüter ausgebildet wurde, wurde der Tempel vor über 170 Jahren zerstört. Von den vielen **Miraculous-Schatullen**, die im Tempel aufbewahrt wurden, konnte Meister Fu nur eine einzige retten.

Thomas Astruc

Thomas Astruc ist ein Filmregisseur, der einen Animationsfilm über Ladybug und Cat Noir dreht. Als die Zuschauer sich bei der Filmpremiere einzig und allein für die Superhelden, nicht aber für den Regisseur interessieren, ist Thomas Astruc so enttäuscht, dass er **Hawk Moth** zum Opfer fällt und zum Superschurken **Animaestro** akumatisiert wird.

Die Figur des fiktiven Filmregisseurs basiert auf dem gleichnamigen Miraculous-Erfinder Thomas Astruc, dem in der dritten Staffel der Serie „Miraculous – Geschichten von Ladybug und Cat Noir" mit der Folge „Die Filmpremiere" augenzwinkernd ein filmisches Denkmal gesetzt wurde.

Tikki ist weit über 5 000 Jahre alt und hat schon auf alle Ladybugs aufgepasst, die es je gegeben hat.

Tikki

Das niedliche **Kwami der Erschaffung** gehört zum **Marienkäfer-Miraculous** und verleiht Ladybug deren Superkräfte. Tikki liebt Süßes, besonders die feinen Macarons aus der Bäckerei von Marinettes Eltern. Bei der Galette nach dem geheimen Familienrezept der Dupains dreht Tikki allerdings vollkommen durch. Zum Glück gibt es diese Spezialität nur einmal im Jahr!

Hey, Zuckerschnute!

Ich hab dir doch gesagt, du sollst mich nicht so nennen. Hab ich dich schon mal Stinkesocke genannt?

Trixx

Das **Kwami der Illusion** ist mit dem **Fuchs-Miraculous** verbunden und verleiht dessen Träger die Superkraft der Illusion. Trixx hat **Alya** in die Superheldinnen **Rena Rouge** und **Rena Furtive** verwandelt.

United Heroez

Zum Superheldenteam, das über **New York** wacht, gehören Knight Owl, Majestia, Doorman, Uncanny Valley, Sparrow alias Eagle, Victory, Hotdog Dan, Ketchup Boy, Mustard Justice, Mercury, Snowflake, Hurricane, Thorn, Sting, Agent Red, Agent Blue und Agent Yellow.

Vesperia

Hinter der Superheldin mit der schwarz-gelben Wespenmaske verbirgt sich **Zoé**. Wenn sie das **Bienen-Miraculous** trägt, kann sie dank **Pollen** und ihrem magischen **Kreisel** die Superkraft der **Betäubung** einsetzen, um Superschurken auszuschalten.

Der Name Vesperia kommt von „vespa", dem italienischen Wort für Wespe.

Viperion

Dem Superhelden mit der magischen **Lyra** verleiht **Sass** über das **Schlangen-Miraculous** die **Kraft der zweiten Chance**. Dadurch kann Viperion beliebig oft zu dem Moment zurückkehren, an dem die Kraft aktiviert wurde, und einen erneuten Versuch starten. Hinter der smaragdgrünen Superheldenmaske verbirgt sich **Luka**.

Wayzz

Das niedliche grüne Kwami mit dem Rückenpanzer gehört zum **Schildkröten-Miraculous** und verleiht dessen Träger die **Kraft des Schutzes**. Über 170 Jahre lang hat es **Meister Fu** in **Jade Turtle** verwandelt. Inzwischen ist Wayzz mit **Nino** alias **Carapace** im Einsatz.

Webserie

Unter dem Titel **Miraculous Tagebuch** gibt es eine Webserie, die auch als **Miraculous Info** oder **Miraculous Geheimnis** läuft. Die einzelnen Webisoden, in denen Marinette in ihr Tagebuch schreibt und erzählt, was sie bewegt, sind rund zwei Minuten lang und greifen Serieninhalte auf. Aktuell gibt es 36 Folgen in drei Staffeln.

Das Kwami Xuppu wird richtig „Schuppu" ausgesprochen.

Xuppu

Das **Kwami des Spotts** ist mit dem **Affen-Miraculous** verbunden und verleiht dessen Träger die Kraft des **Tumults**, mit der er die Superkräfte von Superschurken gehörig durcheinanderbringen kann. **Kim** wurde von Xuppu in den Superhelden **King Monkey** verwandelt. Da beide den Kopf voller Flausen haben, passen sie perfekt zusammen.

Seit der vierten Staffel befindet sich das Yin-Yang-Symbol auch im Miraculous-Logo.

Yin und Yang

Yin und Yang sind jahrhundertealte Begriffe aus der chinesischen Kultur. Das Yin-Yang-Zeichen steht für die **Harmonie der Gegensätze**. Tag und Nacht, Wärme und Kälte, Gut und Böse – diese Gegensätze hängen zusammen, und das eine ist ohne das jeweils andere nicht denkbar. Auch bei Miraculous spielt das Symbol eine große Rolle. In der Miraculous-Schatulle von Meister Fu liegen das **Marienkäfer-** und das **Katzen-Miraulous** zusammen in einer Yin-Yang-Form und sind untrennbar miteinander verbunden. So wie Ladybug und Cat Noir: Sie ergänzen sich perfekt, und der eine kann ohne den anderen nicht bestehen.

Zauberbuch

Zu den wenigen Dingen, die **Meister Fu** retten konnte, als der **Tempel der Hüter** zerstört wurde, gehörte das Zauberbuch. Leider verlor er es, und es gelangte in den Besitz von **Gabriel Agreste**. Das Buch ist in einer Geheimschrift verfasst und enthält Informationen über die Miraculous und ihre Besitzer im Lauf der Jahrtausende.

Ziggi

Das **Kwami der Leidenschaft** gehört zum **Ziegen-Miraculous** und verleiht dessen Träger die Kraft der **Schöpfung**. Mit ihr kann ein Superheld einen beliebigen Gegenstand erschaffen. Ziggi hat **Nathaniel** in den Superhelden **Caprikid** verwandelt.

Zoé Lee

Die zurückhaltende Zoé ist die Halbschwester von **Chloé**. Zoé lebte bei ihrer Mutter in New York, bis sie von dort nach Paris zog. Ganz im Gegensatz zu Chloé ist Zoé hilfsbereit und freundlich. Sie nahm Schauspielunterricht in New York und hat ihr Talent auch schon in Paris unter Beweis gestellt. Zoé geht auch ans Collège Françoise Dupont, allerdings nicht in Marinettes Klasse. Sie wurde von Shadow Moth in die Superschurkin **Sole Crusher** akumatisiert und von **Pollen** in die Superheldin **Vesperia** verwandelt.

Als Sole Crusher sind Schuhe Zoés Waffe der Wahl.

ANZEIGE

Die neuesten Miracu

DIE LADYBUG-BÜCHER

ISBN 978-3-8332-4150-5

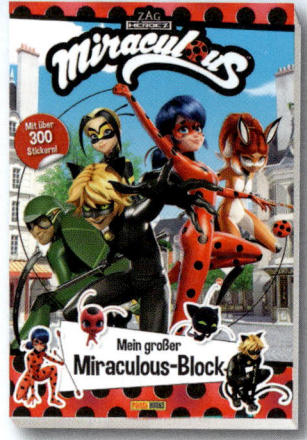

ISBN 978-3-8332-4074-4

ISBN 978-3-8332-4080-5

ISBN 978-3-8332-4079-9

ISBN 978-3-8332-3987-8

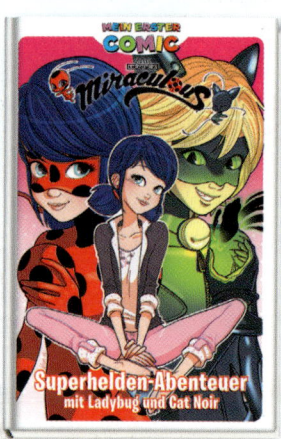

ISBN 978-3-8332-3984-7

ISBN 978-3-8332-3926-7

ISBN 978-3-8332-3803-1

ISBN 978-3-8332-3740-9

Überall im Handel und auf www.paninishop.de!

PANINI BOOKS

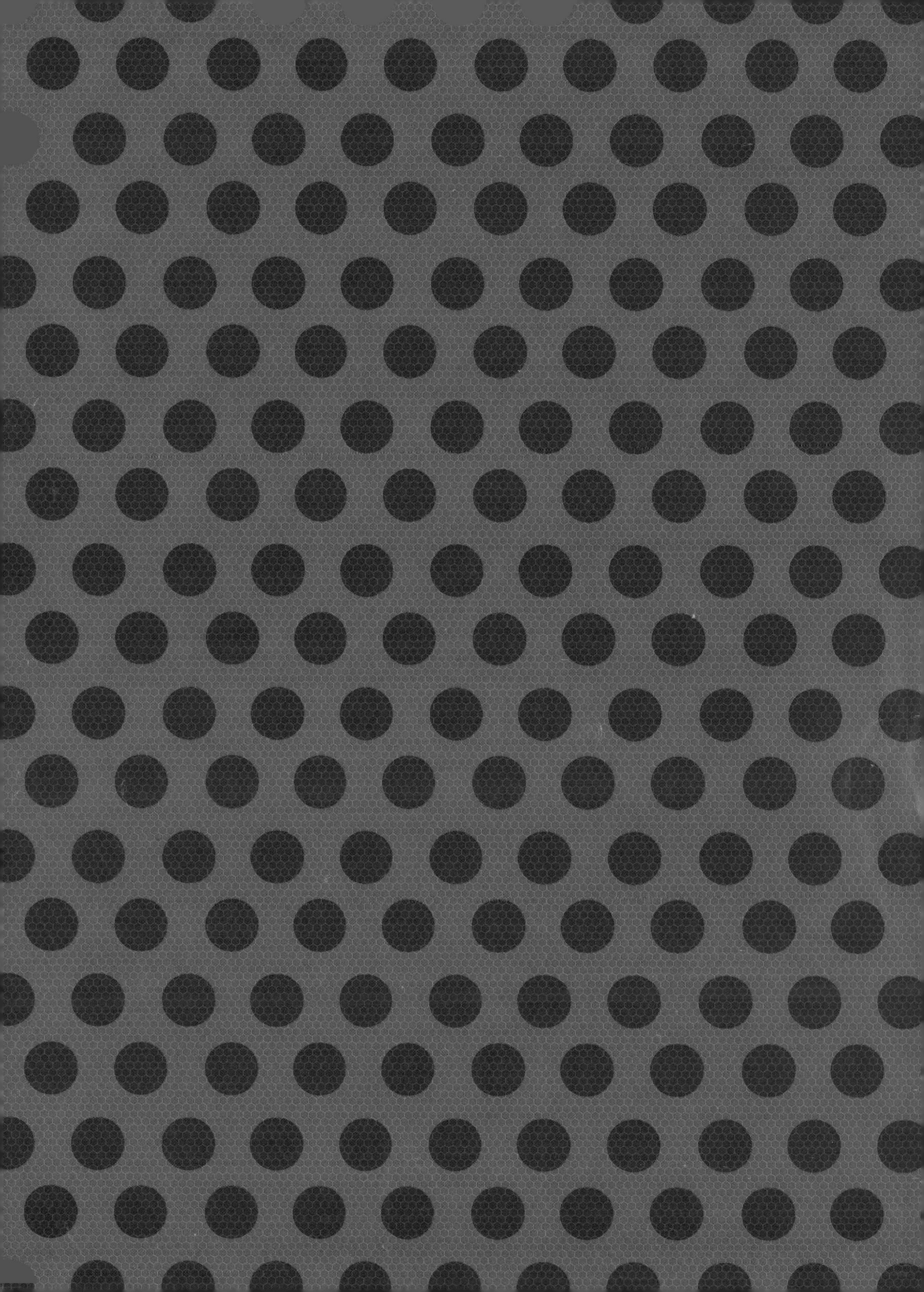